莊子正文

簡道凡 著

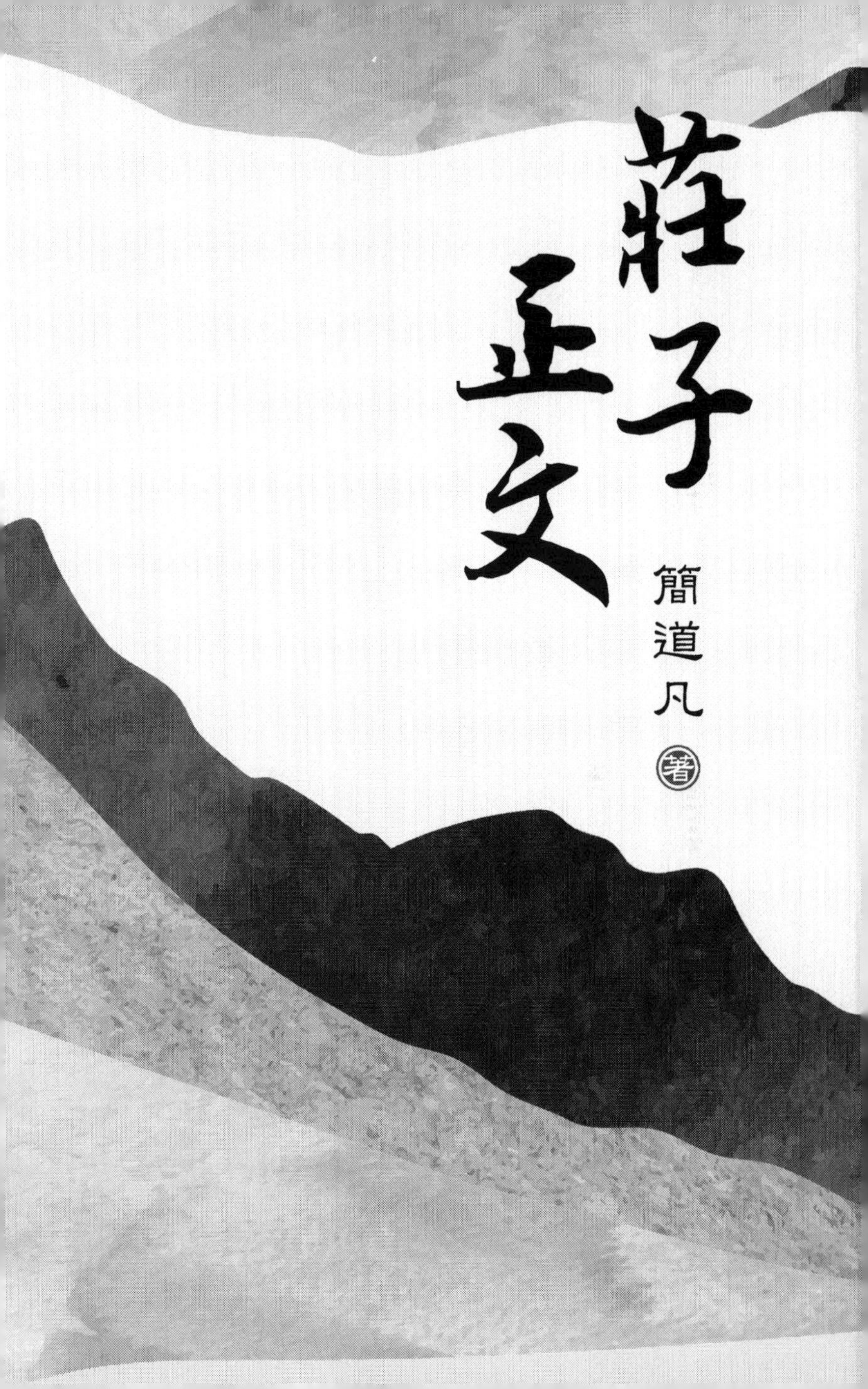

本書諸引文，俱出錢穆先生《莊子纂箋》，書全三十三篇，本書僅注內篇七篇。其中非莊子所作，疑爲其弟子篡入之段落，一概刪除。辯說見各篇。

目錄

逍遙遊第一

逍遙台語音少要，要求有辭。少要即無所求。義在音，不在字。莊子另作新字逍遙，爲雅觀也。辯在篇末。

北冥有魚，其名為鯤。鯤之大，不知其幾千里也。化而為鳥，其名為鵬。鵬之背，不知其幾千里也。怒而飛，其翼。若垂天之雲。是鳥也，海運，則將徙於南冥。

南冥者，天池也。齊諧者，志怪者也。諧之言曰，鵬之徙於南冥也，

怒音努。台語同音異字，假借也，以下仿此。

海運，海動也。運動有辭。

齊諧音齊海。海口有辭，大言之義。齊有稷下學派。志怪音識怪。志 ci，識 ci，以下凡聲相同者，其

水擊三千里，摶扶搖而上者九萬里。

去以六月息者也。野馬也，塵埃也，生物之

拼音概不標出。識，說文云，一曰知也。

水擊，振翅拍水貌。三千里，飛機之衝刺，九萬里，則爬升之距也。

摶扶搖音轉博款。摶 thoan。同從專聲之鱄，另音 coan，故摶亦有此聲，同轉。扶 phoo，博 phook。款，說文云，氣出貌。轉博款，如禿鷹乘熱氣盤旋而上貌。

六月息，六月氣也。氣息有辭。

野馬音野螞。廖修廣之《華音對照

以息相吹也。天之蒼蒼，其正色邪，其遠而無所至極邪。其視下也，亦若是則已矣。且夫水之積也不厚，

現代通俗臺語辭彙》，五南出版社，有辭曰螞蚱，即蚱蜢。螞之義近蚱，所以有辭。古稱螞，後曰蚱。說文無螞，蚱二字，惟其於蜢字下云，吒蜢也。其音即今之蚱蜢。吒 ta，蚱 tsa，一爲 t，一作 ts，然不改其互音。t，ts，於英語固相通。此又證本書以聲求義，而不從形探義之有理也。

則負大舟也無力。覆杯水於坳堂之上，則芥為之舟。置杯焉，則膠。水淺而舟大也。風之積也不厚，則其負大翼也無力。故九萬里，則風斯在下矣。而後乃今培風，背負青

坳堂音凹堂。芥 kai。從亥聲之垓胲賅陔俱音kai，故亥 hai 亦音 kai。孩，幼童義，即亥有小義。芥音亥，故指小草。膠著有辭。膠亦音咬，卡住也。培風音飛風。

天而莫之夭閼者，而後乃今將圖南。蜩與學鳩笑之曰，我決起而飛，

夭閼音夭羽。夭折有辭。蜩，說文云，蟬也。學鳩音鴿鳩。學 hak，鴿 kap。鳥類有鳩鴿科。尾音 k，p，相異，然吟誦時聲寂難辨，故所有收尾子音均需考慮。開頭子音亦如是。中文注音符號，ㄅㄆ一組，ㄉㄊㄋㄌ一組，ㄍㄎㄏ一組，ㄐㄑㄒ一組，ㄗㄘㄙㄖ一組，同組互通音，不同則否，以同組其發聲方式相合也。今之前子音，k 爲ㄍ，h 屬ㄏ，乃ㄍㄎㄏ之組，故

槍榆枋，時則不至，而
控於地而已矣。奚以
之九萬里而南為。適
莽蒼者，三湌而反，腹

學鴿二字互聲。此爲通例。如合
字，甘氏字典有四聲，其中之二即
hah，kah，在ㄍㄎㄏ組內。同一
字，地不同，口音有h，k之別，南
腔北調也。然其發聲方式相同。以
下仿此。

音衝櫚峰。棕櫚樹頂。

控於地音降於地。控khang，前子
音kh屬ㄎ，降kang，k屬ㄍ。

音望囱，望炊煙也。《武經總要》
記，「唐法，凡邊城候望，三十里置

猶果然。適百里者，宿舂糧。適千里者，三月聚糧。之二蟲又何知。小知不及大知，小年不及大年。奚以知其然也。朝菌不知晦朔。蟪蛄不知春秋，此小

一烽……」。則望囟當略少於三十里。

果實有辭，即腹猶實然。宿，平日義，宿願有辭。舂糧音藏糧。

錢穆引列子湯問篇：「朽壤之上有菌芝者，生於朝，死於晦。」晦，暗也。

據廖修廣辭典（以下簡稱廖氏），蟪

年也。

楚之南有冥靈者，以五百歲為春，五百歲為秋。上古有大椿者，以八千歲為春，八千歲為秋。而彭祖乃今以久特聞。

此小大之辯也。故夫

蛄即暗哺蟦，蟬屬，夏末自早至暮鳴聲不絕。

據錢穆書，冥靈或爲木名，或爲海龜。台語則靈龍同聲。

下句眾人匹之起，至而彼且奚適也止，共刪去二十七句。犯重也，天才如莊子者，豈屑爲之。

知效一官，行比一鄉，德合一君，而徵一國者，其自視也，亦若此矣。而宋榮子猶然笑之。且舉世而譽之而不加勸，舉世而非之而不加沮。定乎內外之分，辯乎榮辱之竟，斯已矣。彼其於世，未數數然也。

效力有辭。

徵信有辭。

亦若朝菌，蟪蛄，彭祖。

錢穆引荀子曰，宋子見侮不辱。

勸，勸也。二字古通用。

沮喪有辭。譽之，贊賞也，惟不加賣力。非之，貶低也，亦不爲沮喪。

數數，計算計較義。台語帳單曰數 siau 單，帳房先生曰數 siau 櫃仙。下句自雖然起，至聖人無名止十七句，刪去。其出列子黃帝篇，疑爲莊子門生抄入。

堯讓天下於許由，曰，日月出矣，而爝火不息。其於光也，不亦難乎。時雨降矣，而猶浸灌，其於澤也，不亦勞乎。夫子立而天下治，而我猶尸之。吾自視缺然，請致天下。許由

爝火音燭火。其於照明也。

澤亦作動詞用，同光字，注水入澤義。

尸之，主君位以受拜。

曰，子治天下，天下既已治也。而我猶代子，吾將為名乎。名者，實之賓也，吾將為賓乎。鷦鷯巢於深林，不過一枝。偃鼠飲河，不過滿腹。

歸休乎君，予無所用天下為。庖人雖不治庖，尸祝不越樽俎而代之矣。

賓從於主，如何消遙。

鷦鷯，廖氏云，巧婦鳥。

許由逍遙，最多一己。

前文言舉世而譽之而不加勸。

於〈伯夷叔齊〉列傳，太史公曰，余以所聞，(許)由，(務)光，義至高，其文辭不少概見，何哉。兩漢去古未遠，而司馬遷已弗能解是惑。後世更考據頻繁，亦未能定其身分。今小子有言曰，許由許由，許我自由而已。本無其人，何來文辭以見。蘇東坡所不能言者，莊周既語之矣。今區區取一名以託義，於周又何難之有。惟於吾輩眾生，其妙實難識哉。

錢穆《古史地理論叢》引宋翔鳳云，太岳伯夷即許由。惟宋氏所證未密。且莊文既言，「予無所用天下爲」，則考許由爲太岳，八伯之長，豈非以鐘鼎易其山林之志乎。宋氏謬哉。

以下肩吾問於連叔，全段刪除。宋人資章甫亦全段刪除。二者俱爲莊子門徒所作，神仙家之言，先見於此焉。

惠子謂莊子曰，魏王貽我大瓠之種，我樹之成，而實五石。以盛水漿，

據錢穆引云，魏王即梁惠王，又云，此文檔作於惠施相梁之後。瓠音葫，一年生草本。

其堅不能自舉也。剖之以為瓢，則瓠落無所容。非不呺然大也，吾為其無用而掊之。莊子曰，夫子固拙於用大矣。宋人有善為不龜手之藥者，世世以洴澼絖為事。客聞之，請買其方百金。聚族而謀曰，我世世為洴澼絖，不過數金。今一朝而鬻技百

自舉，自立也。

呺音豪。

掊音剖。

龜裂有辭。

洴澼絖音冰鱉管。洴 pheng，冰 peng，ㄧㄆㄧㄣ，同組互音。澼 phek，鱉 pih，然从辟聲之譬臂避均音 pi，故澼亦如是。絖 khong，管 kong。冰鱉管，今之眞空冷凍鱉

金，請與之。客得之，以說吳王。越有難，吳王使之將。冬與越人水戰，大敗越人，裂地而封之。能不龜手，一也。或以封，或不免於洴澼絖，則所用之異也。今子有五石之瓠，何不慮以為大樽，而浮乎江湖，而憂其瓠落無所容。則夫子猶有蓬之心也夫。

鞭也。鞭，管狀。鬻音約，即約定，契約。鬻文，約文之假借，先訂，再作文以交，非現貨買賣。鬻另音 tu，同註/注聲，日語有註文，台語曰注文，其與鬻文，豈無涉乎。

考慮有辭。大樽音大船。無所容，則樽不作酒器解也明焉。音猶有封之心。

惠子謂莊子曰，吾有大樹，人謂之樗。其大本擁腫而不中繩墨，其小枝卷曲而不中規矩。立之塗，匠者不顧。今子之言，大而無用，眾所同去也。莊子曰，子獨不見貍狌乎。卑身而伏，以侯敖者。東西跳梁，不辟高下。中於機辟，死於網罟。今夫斄

敖者音耗者，今云耗子。

音不避高下。言其甚能用。

音中於機畢。畢 pit，田獵之網

牛，其大若垂天之雲，此能為大矣，而不能執鼠。今子有大樹，患其無用。何不樹之於無何有之鄉，廣莫之野。彷徨乎無為其側，逍遙乎寢臥其下。

不夭斤斧，物無害者，無所可用，安所困苦哉。

也。行其用，而死於用。

大而無用矣。

廣莫音廣寞。彷徨音放放。死生大矣，然亦放放焉，故能少要乎而寢臥其下。

此則無慮。

不夭四句，莊子續說在養生主，人間世，德充符。安an即焉ian，a通

ia 聲。同理，e 與 ie，o 與 io 互音，毛詩中此例諸多。

……逍遙遊正文完

古人著書立說，章句之例在焉。曰，開卷明義。故論語以學而篇爲首，揭示入儒門者，凡三得。先有學之樂，繼得遠朋之慰，其終，至少不失君子之譽。老子書則文起即曰，儒墨之道非常道，萬物之名非常名。當世之顯學，先破之，再立己論。莊子亦然。惟其言大且深，數語難盡，故先爲寓言，而明諸首篇之末。曰，雖世所不睬，然忘死自由之樂，亦不廢焉。以上涉論語老子處，用錢穆說。

詩經〈鄭風・清人〉，有逍遙（二字據朱熹之詩經集註）一辭，乃此語之最早見者。莊子逍遙二字，義同〈清人〉乎，抑僅其音同乎。

今以台語解詩句，其辨自明。此乃鄭人刺高克之詩，事見左傳閔二年：「冬，十二月……鄭人惡高克，使帥師次于河上，久而弗召，師潰而歸，高克奔陳，鄭人為之賦清人」。

〈清人〉

清人在彭 peng
駟介旁旁 pong
二矛重英 eng
河上乎翱翔 siong

清人在消
駟介麃麃
二矛重交
河上乎逍遙

音千人在冰。左傳云十二月時。
介，甲也。旁音膨 phong。
重英音重纓。
指重纓。pong／phong，通 piong／phiong。與翔成韻。
音千人在少。左傳云師潰。
麃音驃。
音二矛重皎。白亮也。
逍遙音消杳，消失不見義。朱熹書作逍遙，他本一作消搖。朱或見逍

清人在軸
駟介陶陶
左旋右抽
中軍作好

遙形美而改字。
音千人在丟。
音駟介逃逃。
音左還右抽。還歸抽身義。
音中軍作何。高克所爲何事也。此乃鄭人誣謗高克之詩。師在冰上，豈能久留，故師潰而歸。初時戎車二矛交映之美，已不復見河上。此即詩經逍遙所指，與莊子全然無涉。案說文無逍字，故知爲莊子別作，从辵，故逍遙當作狂奔及遠之義。然常辭曰逍遙自在，自在必待行遠乎，又無是理。故逍遙之从辵，乃爲字形美也。

齊物論第二

南郭子綦隱几而坐，
仰天而噓。
荅焉，似喪其耦。

音因几而坐。隱 un，因 in。从㥯聲者如癮⿰糸㥯穩等，俱另音 in，故隱亦如是。錢穆引陸德明曰，隱，憑也。陸乃臆測爾，其註無據。有席地，因几，或床上而坐等，如舜在床琴。依逍遙遊之許由例，南郭子綦音若槁自己。從郭聲之廓音 koh，則郭亦有此聲。槁 ko。

噓音忽。噓 hu。忽 hut，說文云忘也。

音詫焉，似喪其吾／我。六字，錢

顏成子游立侍乎前，曰
何居乎。形故可使如槁
木，而心固可使如死灰
乎。今之隱几者，非昔
之隱几者也。子綦曰，

穆書作一句。荅 tah，詑 tha，一ㄉ
一ㄊ同組互音。詑異有辭。
音顏盛子游。顏盛，面色紅潤也，
對若槁。莊書多寓言，人物之命
名，主取所說義之諧音字。其次，
取相應或相對該名之字，以免勞
神。

音何奇乎。

偃，不亦善乎，而之問也。今之吾喪我，女知之乎。

偃音堰，故字子游。而音爾。而 li，l 對ㄌ，爾 ni，n 對ㄋ，屬同組。所以名偃者，以顏盛爲姓故也。偃 ian，顏 gan。顏從彥 gan／gian 聲，故亦音 gian。ian，gian，開頭子音 g 或有或無，二字仍互聲。其答在 g 屬ㄍㄎㄏ之組。此組之 k，kh，g，ng，h，有發聲者，亦有不發者，各地口音殊故。如《尚書・堯典》之光 kng 被四表句。今文經作横／廣被四表。横廣

女聞人籟而未聞地籟，女聞地籟而未聞天籟乎。子游曰，敢問其方。子綦曰，夫大塊噫氣，其名為風。

二字俱從黃 ng 聲。光 kng 之子音 k，於豫章一帶有聲，華北則無。即可證此音例，以下仿此。

女音汝，以下仿此。

籟，說文云，三孔龠也。

方法有辭。大塊音大地。

噫氣音呃氣。噫 i，呃 ek。惟从意聲之億憶薏臆，俱另音 ek，噫當从之。呃，廖氏云，打嗝也。

是唯無作，作則萬竅怒呺。而獨不聞之翏翏乎

山林之畏佳，大木百圍之竅穴。似鼻，似口，似耳，似枅，似圈，似臼，似洼者，似污者。

激者，謞者，叱者，吸者，

呺音號。翏音寥。寥，說文云，空虛也。

音山林之對嘴。

枅音眼。

洼音蝸，螺狀也。污音窩，洞深也。錢穆引郭象云，此略舉眾竅之所似。

激 kek 音圭 ke／kui，取 kui 聲。謞 hau，疑非原字。台語在ㄍㄎㄏ此

組，母音 oo 時，各字均只收錄單聲，而未輯二三音。其例如姑 koo，僅一聲。中文注音爲ㄍㄨ(ku)。

苦 khoo 字亦然，中文ㄎㄨˇ(khu)。字例數多，推定其原本爲姑 koo／ku，當無失。惟古漳州泉州人只行 koo 一音爾。廖氏字典即如是。例外者少，許 khoo／hu／hi 即其一，因 khoo 聲乃人之姓，自不能改呼爲 hu。khoo 聲故得傳至今。

叫者，譹者，宎者，咬者。

前者唱于，而隨者唱喁

句koo／kau其二，此字我之母語曰句ku，廖氏失輯。今即疑莊子原文作句ku／kau，後轉成謞hau，以kau，hau同組故。叱chit，吸hip，連前二聲激kui，謞ku，俱屬閉口音。

叫kio。譹从豪ho聲。宎从夭iau。咬ngau聲。皆開口音。錢穆引郭象云，此略舉眾竅之聲殊。

于u／ir閉口音。喁giong／gu，今取giong，開口聲。

泠風則小和，飄風則大和。厲風濟，則眾竅為虛。

而獨不見之調調之刁刁乎。子游曰，地籟，則眾竅是已。人籟，則比竹是已。敢問天籟。子綦曰，夫吹，萬不同。

泠風音令風。飄風音飆風。厲 li 風音烈 liat 風。同从列聲之裂，其音 liat／lih。錢穆引顧炎武云，厲即烈字。

調音凋。刁 tiau／liau 音寥 liau，去，力，同組互音。

眾竅是已音眾竅是矣。

比竹，管樂器也。

夫吹五字，錢書作一句。吹，風

而使其自己也。

咸其自取，怒者其誰邪。

大知閑閑，小知閒閒。

也。萬不同，眾竅異聲也。而使眾竅自大地也。眾竅自取，怒者惟大地爾。各吹不同，即佛家之諸色異相，然其源齊一。閑，象以木栓門，關閉知識，此亞當也。閒，自門縫探月，此夏娃也。

〈大雅．皇矣〉云，臨衝閑閑，崇墉言言，歌以德降人之從容，所贊者文王，乃周人霸業之祖。今莊周

大言炎炎，小言詹詹。

其寐也魂交，其覺也形開。

特取其廟堂樂章二句，示範用法，以傳閱天下，報盟津觀兵之恥。姬姓子孫雖受矣，莊子之譏，其終未能明焉。

音大言掩掩，小言尖尖。前二句說知，此二句說言。

交換有辭。夢醒則別爲我與彼。

二句之釋，在莊周夢爲胡蝶章。「栩栩然胡蝶也，自喻適志與，不知周也。俄然覺，則蘧蘧然周也」。

魂出竅入於蝶，蝶魂進於周之謂

也。凡人亦夢矣，然未聞有夢中化作他人他物者。而莊周有焉。既覺，魂離蝶軀歸莊子竅，謂之形開。豈不聞乎，南廓子綦曰，今者吾喪我。已出竅然未入夢。既夢，則魂或入蝶。前後呼應，本文有焉。然何以夢蝶，雀豈不甚美乎。惟希臘文物所繪靈魂，其所張者，蝶翼也，非雀翅也。已云，莊子書非哲學，實宗教。其所出入，跨虛實二界。

與接為構，日以心鬬。
縵者，窖者，密者。
小恐惴惴，大恐縵縵。
其發若機栝，其司是非之謂也。
其留如詛盟，其守勝之

音與接爲勾。
音瞞者，較者，媚者。密 bit，媚 bi。瞞，使不來爭。較，既來爭則不讓。媚，弗能爭，則改爲求之。
音小窮斷斷，大窮漫漫。恐 khiong，窮 kiong。與接至此，說得。
栝，說文云，从木舌聲。舌 siat／cih，siat 音射 sia。故音其發若機射。二句說《麥田捕手》。
二句說麥田捕手之兄，爲律師者。

謂也。其殺如秋冬，以言其日消也。其溺之所為之不可使復之也。其厭也如緘，以言其老洫也。

守勝音守成。

音其弱至所謂之不可使復之也。音其厭也如縴。緘 khiam，縴 khian。縴，曳舟之粗繩。二字收尾音 m、n，一沉一揚。然於音律中弗能辨，故可互音。以下仿此。厭即懨。洫 hek 音歲 hoe。hoe 爲漳州音，he，泉州音。老歲仔，台語用辭。

近死之心，莫使復陽也。

十一句分敘人生心路。仍用錢穆說論語之法。其云，學而時習之，仲尼三十以前也。有朋自遠方來，中年後有弟子從隨也。人不知而不慍，周遊列國時也。論語未言年紀，然就仲尼事跡考之，錢說論語首章，其精妙，前所未聞。故知不標年分，依序直書事跡者，乃古人章句之例。由此得解是非正義之心，發如機射者，其青年時也。留如詛盟者，中年時也。惜哉，錢氏

喜怒哀樂，慮歎變慹，

姚佚啟態。

樂出虛，蒸成菌。

未見麥田捕手，致失解此段。城空矣，將過而不入乎，小子何敢讓焉。惟慙德則難免。自其發若機射至此，說是非。

音慮歎偏執。二句說好惡。音么稚曲玳。佚 thit，稚 ti。啓 khe，曲 khek。玳，玳瑁也。《詩．魯頌》云，「……俾爾壽而富，黃髮台背，壽胥與試」。台背音玳背，壽高背駝也。

音丁成菌，丁點有辭。樂出壞空，

日夜相代乎前，而莫知其所萌。已乎，已乎。旦暮得此，其所由以生乎。非彼無我，非我無所取，是亦近矣。

碎木成菌。三句說，么稚轉耄年，滄海變桑田，即成毀也。此說日夜更迭以逝，終有一死。罷了，罷了。

人之生也，即爲此乎。彼者，自大知閑閑以下，至日月相代止皆是，盡爲我所取。如前段之眾竅。本段說受想行識，惟不言五蘊皆空，莊佛異道也。人生諸相，莊子於此說爲知，言，得失，是非，好惡，成毀，生死。此爲莊子書全部課題。其實三問爾，曰，是非，好惡，生死。莊文俱釋此。無涉者，本書全刪。而三題復歸一宗，即知。是非好惡，由知而出固然。惟生死亦若是。段之起首，豈非大知小知乎。以下各篇亦主言知。應帝王之日鑿一竅，以啓視聽食息，七日而渾沌死。知與死，或識與死，因果其明矣。再者，亞伯拉罕教有云，伊甸園有生命樹，其果食之不死。亦有知善惡之樹，其

而不知其所為使。

果食之，則有死。無識以生，有知以死，二說一也。佛教則微異。心經云「……乃至無意識界。無無明，亦無無明盡，乃至無老死，亦無老死盡」。即推遠無識以生，至不生不滅，永離輪迴之界。此輪迴論，不見於莊子、亞伯拉罕。故其不生不滅亦異乎二子。雖然，有知以死斯大旨，三教所趨則一。惟其自取有小別爾。

孰使如此，不知焉。

若有真宰，而特不得其眹。

可行已信，而不見其形

有情而無形，百骸九竅

音而特不得其徵。眹 cin，說文云，直引切。徵 ceng／tin。眹 tim。眹破字爲眹歟，抑 tin，cin 互音歟，俱通。cin 之 c，於甘氏作 ch／ts。t，ts，於英語本互通。

音可見遺信。行 kiann，見 kinn。莊子唱 kinn，聽爲驚 kinn／kiann 字，後以 kiann 聲轉傳，至於行字。能見神跡，惟不見其形。信，信息，信物也。

實情有辭。

六臟，賅而存焉，吾誰與為親。汝皆說之乎。其有私焉。如是皆有為臣妾乎。其臣妾不足以相治乎。其遞相為君臣乎。其有真君存焉。如求得其情與不得，無益損乎其真。一受其成形，不亡以待盡。與物相刃相靡，

音如皆悅之乎。音其有是焉。私 su／sir，是 si。如此一視同仁，俱爲臣妾乎。

求得其實，或不得，神依舊存在。

前之么稚曲玳是矣。哈姆雷特不有言乎，人之肉身承繼兮，天降矢石多如棘。

其行盡如馳，而莫之能止，不亦悲乎。終身役役，而不見其成功。苶然疲役，而不知其所歸，可不哀邪。人謂之不死，奚益。其形化，其心與之然，可不謂大哀乎。人之生也，固若是芒乎。其我獨芒，而人亦有不芒者乎。夫隨其成心而師之，

音其行進如馳。

成功指能解其所由以生。

音攝然疲逸。攝，吸取。如被吸乾般疲逸。

形自青年至老歲，心由發若機射到厭如縅索。

音固若是盲／茫乎。

成心，錢穆引王闓運曰，己是之

誰獨且無師乎。奚必知代，而心自取者有之。愚者與有焉。

未成乎心而有是非，是今日適越而昔至也。是以無有為有。無有為有，雖有神禹，且不能知，

見。錢穆云，成心與成形對文。按，隨其成心二句，指上文不茫者。

錢穆引錢澄之云，知代，謂知日月之相代，而自取眞君者。案，小知閒閒，即自取成心而以爲知代者。我獨茫，成心者亦茫。未成乎心者，而能不茫，是今日適越而昔至也。成心爲有，未成乎心，即無有。無有爲有，即未成乎心而知代。

音雖有神諭。

吾獨且奈何哉。

夫言非吹也。言者有言，其所言者特未定也。果有言邪，其未嘗有言邪。其以為異於鷇音，亦有辯乎，其無辯乎。道惡乎隱而有真偽，言惡乎隱而有是非。道惡乎往而不存，言惡乎存而不可。

如是不茫者，無有哉，舉世一於茫也。

人之言，異乎人籟地籟。吹，風也，氣也。特未定，指所言是乎，抑非乎，未定焉。

鷇 khoo，如木魚聲，單調無義。

音道惡乎運。運行有辭，以下同。

音言惡乎云。下文同。

道隱於小成，言隱於榮華。

故有儒墨之是非，以是其所非，而非其所是。欲是其所非，而非其所是，則莫若以明。

物無非彼，物無非是。

自彼則不見，

小道運於小成，即前云成心。榮華應作華榮 eng，押韻小成 seng。

儒是墨之所非，而非墨之所是。墨亦反是。欲是儒墨之所非，而非儒墨之所是，則莫若以明，其說在下。

前云非彼無我，非我無所取。物，外境也，色也。爲我所取，故曰彼。我既能取，其無非實，無非是。

自，我也。彼，物也。自彼，以我

自知則知之

故曰，彼出於是，是亦因彼，彼是方生之說也。

雖然，方生方死，方死

之是爲彼之是，如此不能見物無非是。

如夢既覺，莊周，蝶，分爲二。蝶以吸花蜜爲是，夢中之周亦是。然既覺之周，必不以攝蜜爲是也。知周與蝶互異，彼此無非是，曰自知。

彼與是方生，或云物與是方生。方生，錢穆云，同時並起。

但是，方生必有方死，方死亦必有

方生。

方可方不可，
方不可方可。
因是因非，
因非因是，是以聖
人不由而照之於天。

方生。〈雜篇・天下〉載惠施云，曰方中方睨，物方生方死。方生方死，莊子惠施語相同，惟其義互異。

有可必有不可。

有是必有非。反之亦然。

音不由而招之於天，順其自然義。招待有辭。

亦因是也。

是亦彼也，

彼亦是也。

彼亦一是非，此亦一是非。

果且有彼是乎哉。

不因是，不因非，而因其自然，亦因是也。

是非之是，非物，屬無形抽象，佛家名曰想。其雖無形，亦爲我所取，故亦爲彼。

想亦是也。已云物無非彼，物無非是。想既爲彼，自亦爲是。

然想，固爲是，亦有以其爲非者。如儒所是者，墨非之，於是儒乃一是非。墨亦如此。

已云物爲彼是，今想既有是有非，

果且無彼是乎哉。
彼是莫得其偶，
謂之道樞。
樞始得其環中，以應
無窮。
是亦一無窮，
非亦一無窮也。

彼是尚成立乎。
抑彼是果眞不成立乎。
彼是成立無辯。偶，錢穆引郭象曰，對也。即彼是一說無反對者。
道樞，即叉路中心，其一點爾，無二。
彼是處圓心，對應圓周上之無窮。
儒爲是，墨亦爲是，是有無窮。
儒墨相非，其所非亦無窮，彼是俱應之。

故曰莫若以明。

彼是能應是其所非，亦能應非其所是，故稱莫若以明。

本段論是非。

以指喻指之非指，不若以非指喻指之非指也。以馬喻馬之非馬，不若以非馬喻馬之非馬也。天地，一指也。萬物，一馬也。道行之而成，物謂之而然。惡乎然，然於然。惡乎

指名有辭，以下指仿此，即物名也。以周喻蝶之非周，不若以蝶喻周之非蝶。或謂此乃破公孫龍之論。錢穆駁曰，公孫龍在莊子後，不當以公孫龍爲說。

原經文一馬也下，有可乎可八字，共二句。錢書引王叔岷曰，此二句疑當在下文，無物不然無物不可

不然，不然於不然。物各有所然，物各有所可。無物不然，無物不可。可乎可，不可乎不可。

故為是舉莛與楹，厲與西施，恢恑憰怪，

下。本書從之，移走八字。

前云，物無非是。二句，自一馬也下，移於此。蝶可乎可爲蝶者，不可乎可爲周者。

音舉丁與楹。丁，碎木。

音詼詭奇怪，此說人，物之名有可笑者，可非者，可怪者。憰khiat，奇 khia。恑 gui／kui，非hui。厲作惡解。左襄十三年，楚共王自責亡師於鄢陵，先命其諡號

道通為一。其分也，成也。其成也，毀也。凡無物成與毀，復通為一。惟達者知通為一，為是不用而寓諸庸。庸也者，用也。用也者，通也。通也者，得也。

曰，請爲靈若厲，大夫擇焉。即靈抑厲擇一。

若 na，抑 ah，二字不互音，應是誤聽。

道隱於小成，言隱於華榮。

不用疑爲不由之破字。不由成毀而寓諸用。與聖人不由而照之於天，同句法。

適得而幾矣，因是已。

至於有得則可矣，因是而止。本段說名。雖恢恑憰怪有之，能通則因是以止。以下自已而不知其然起，至是之謂兩行止，出莊子口無疑。然當在雜篇，不繫於此。義雖近，句數二十有餘，致收尾鬆散，去本書作因是已只三字遠哉。又與齊物論正文結語，有失呼應。必其弟子所附綴。該文之朝三，音猴瘖，瘦猴也。

古之人，其知有所至矣。惡乎至，有以為未始有物者。至矣，盡矣，不可以加矣。其次以為有物矣，而未始有封也。其次以為有封焉，而未始有是非也。是非之彰也，道之所以虧也。道之所以虧，愛之所以成。果且有成與虧乎哉，果且無成與

愛好有辭，即好之所以成。

虧乎哉。有成與虧，故昭氏之鼓琴也。無成與虧，故昭氏之不鼓琴也。昭文之鼓琴也，師曠之枝策也，

錢穆引馬敘倫曰，呂氏君守篇，鄭太師文終日鼓琴瑟。

枝策音蓍策。枝 ci，蓍 si。蓍，古占卜工具。師曠擅音律，惟前句既云昭文鼓琴，莊子必不舉重復之例。據左傳襄三十年，絳縣人自云其生之年，正月甲子朔，四百又四十五甲子。師曠解答曰，魯獲長狄僑如之年，七十三歲也。

惠子之據梧也，三者之知，幾乎皆其盛者也，

左傳共載三人解此謎。士文伯以曆數，史趙則測字。師曠既云長狄僑如，必是繇辭中有此名見焉，即用卜筮也，故曰師曠蓍策。枝，甘氏標音chi，其之ch，即廖氏之c，俱ㄐ也。si之s，則ㄒ也。ㄐㄑㄒ同組，以下仿此。

據梧音車五。天下篇曰，惠施多方，其書五車。鼓琴，蓍策，對多方。〈德充符〉曰，惠子依樹而吟，據槁梧而瞑。言其甚勞神。勞神焉能

故載之末年。

惟其好之也，以異於彼

其好之也，欲以明之彼。

非所明而明之，故以

堅白之昧終。而其子又

以文之綸終，終身無成。

對琴藝。

其業終生行之。〈大宗師〉云，……

終其天年，而不中道夭者，是知之

盛也……。據錢穆《先秦諸子紀

年》，惠施壽約六十，剛過中道。

以 i 異於，當爲有 u 異於之誤轉。

有傳爲於 u／i，由 i 聲至以。

音以文之官踵／從。繼爲鄭太師，

且續明之彼。

若是而可謂成乎，雖我亦成也。若是而不可謂成乎，物與我無成也。是故滑疑之耀，聖人之所圖也。為是不用而寓諸庸，

本段說是非生好惡，好惡致成毀，惟成與毀，其終也爲一。音化易之要。疑 gi，易 i。世俗以有成爲可慕，以既虧爲當詆。聖人化易此二病。爲是不由成毀，而寓之於用。能用而通，則可矣。本段說好惡成毀。

今且有言於此，不知其與是類乎，其與是不類乎。類與不類，相與為類，則與彼無以異矣。雖然，請嘗言之。有始也者，有未始有始也者，有未始有夫未始有始也者。有有也者，有無也者，有未始有無也者，有未始有夫未始有無也者。

彼，儒墨也，尖尖小言之類。

俄而有無矣，而未知有無之果孰有孰無也。

今我則已有謂矣，而未知吾所謂之其果有謂乎，其果無謂乎。

天下莫大於秋毫之末，而大山為小。

音偶而有無矣。

今之適越而昔至，是無有爲有，雖有神諭，且不能知。

已云莊子之言，出入虛實二界。本篇此前所論，或衆竅，或是非，或成毀，俱爲實，皆有推論。獨此天下六句，所謂今且有言於此者，純出其主觀，衆人無從驗證體會。齊

莫壽乎殤子，而彭祖為夭。

物論中，前不見所承，後未有演繹，此乃宗教，而非客觀學術。又路加福音云，財主門前之乞丐，形殘焉。死後衷於亞伯拉罕。財主則死後陷入陰間烈火。乞丐，秋毫之末也。財主，大山也。

殤子之鬼，長彭祖之靈八百餘歲。其陰壽無有過之。陽盡而陰生，莊子之生死觀也。路加福音又云，居上帝國者，正小孩之類人也。以小孩之貌居天國，其爲殤子也明焉。

天地與我並生，而萬物與我為一。

既已為一矣，且得有言乎。既已謂之一矣，且

佛曰不可說。杜斯妥耶夫斯基數受之矣，其才亦未能言之。莊子此二句，說生歟死歟，俱與天地萬物同在。如此死尚可畏乎。既不足憂，實已完全自由，是曰逍遙。南郭子綦之吾喪我，開卷辭也。此六句，壓軸語也。互相唱和，所謂齊物即在此，而不在餘段。

得無言乎。一與言為二，二與一為三。自此以往，巧歷不能得，而況其凡乎。

音巧曆。

故自無適有，以至於三，而況自有適有乎。

自有天地以來。

無適焉，因是已。

因三之數而止，如此宇宙間惟莊子獨鳴。而未有天地以前，亦有言乎，其無言乎。雖有神論，且不能知。無問焉，因是已。

錢穆引曹受坤云，至是齊物論正文

已完，以下不過條列，以申述前旨。條例處本書盡刪，以保齊物論結構之工整。正文共作六段。第三、五段結語以莫若以明，此之謂以明唱和。第四、六段則以因是已呼應。末段莊子肆意賣弄，視世人如無物。惟既二千年有矣，奈其何者，又無有哉。齧缺問乎王倪段，說因是因非，雖爲莊周弟子所作，參之能助解本篇。惟罔兩問景段，於大宗師篇有涉，特附於此。

罔兩問景曰，曩子行，今子止。曩子坐，今子起。何其無特操與。

景曰，吾有待而然者邪。吾所待又有待而然者邪。吾待蛇蚹蜩翼邪。惡識所以然，惡識所以不然。

音爾亮問影曰。下文同。

操作有辭，即動作。

音蛇膚蜩翼。皮膚有辭。錢穆引成玄英云……蛇蛻故皮，蜩出新甲……。又引高亨云……寓言篇，予蜩甲也，蛇蛻也……。景之意爲，我待物之動或止，而物又有所待。吾待蛇皮，蛇皮又待蛇褪皮。曩我所以行，今我所以止，實未能知焉。

養生主第三

吾生也有涯，而知也無涯。以有涯逐無涯，殆已。已而為知者，殆而已矣。

為善無近名，為惡無近刑。緣督以為經，可以保身，可以全生，可以

殆已音怠矣，疲憊義。

殆而已矣，則指危險而已矣。

〈大宗師〉：「知人之所爲者，以其知之所知，以養其知之所不知，終其天年，而不中道夭者……」。養音用。中道夭，故曰殆。

爲善勿至享名，名有用，將有害。

無近刑，毋及觸法。錢穆引王夫之云，身後之中脈曰督。即因中道以

養親，可以盡年。

庖丁為文惠君解牛。手之所觸，肩之所倚，足之所履，膝之所踦，砉然嚮然，奏刀騞然。莫不中音，合於桑林之舞，乃中經首之會。文惠君曰，譆，善哉，技蓋至此乎。庖丁釋刀

行。

據錢穆：「崔譔曰，文惠君，梁惠王也。穆按，據此稱謂，似此篇較逍遙齊物爲先成」。

踦音豎，豎立有辭。砉然嚮然音砉然響然，操刀喝然。砉然，磨刀聲也，錢穆引司馬彪曰，桑林，湯樂名，經首，咸池，樂章也。手足肩膝奏刀、舞也。砉然喝然，樂也。奏cau，操chau。c對ㄗ，ch對ㄘ。

音技堪至此乎。

對曰，臣之所好者，道
也，進乎技矣。始臣之
解牛之時，所見無非牛
者。三年之後，未嘗見
全牛也。方今之時，臣
以神遇，而不以目視。
官知止而神欲行，
依乎天理。
批大郤，導大窾，因其
固然。

神欲行音神奧行。欲 iook。
從谷聲之浴，音 ek，則谷欲俱有 ek
聲。
音避大曲，躲大圈／拳／環。
批 phi，避 pi。

技經肯綮之未嘗，而況大軱乎。

良庖歲更刀，割也。族庖月更刀，折也。今臣之刀，十九年矣，所解，數千牛矣。而刀刃若新發於硎。彼節者有間，而刀刃者無厚。以

音枝間肯隙。綮 khe，隙 khek。肯，據段玉裁，爲骨間肉附箸難解之貌。枝間，枝骨間也。軱，說文無此字，以瓜 koa 聲求之，骻 khoa 可也。

族庖音左庖，輔左有辭。折音斫。折 cek，斫 chek。

硎，說文無字，今視爲从研从刀，研者，礱也，礱刀石故从刀。

無厚入有間，恢恢乎，
其於遊刃，必有餘地矣。
是以十九年而刀刃
若新發於硎。雖然，每
至於族，吾見其難為。
怵然為戒。視為止，行
為遲，動刀甚微，謋然
已解，如土委地。提刀
而立，為之四顧，為之
躊躇滿志，善刀而藏之。

音迴迴乎，迴轉也。
音游刃。魚迴游之游。

族 cook 音阻 coo。

从桀聲之磔有 kak 音，故謋亦有。
謋然已解音戞 kat 然已解。取戞字
者，戞然今有辭也。
躊躇，段玉裁云，裵回不決之貌。
躊，台語音周，往返循環也。躇

文惠君曰，善哉，吾聞庖丁之言，得養生焉。

公文軒見右師而

tu，音駐／滯。或从著 tiook 聲，音足 ciook。t，ts，固互通。即往返不前曰躊躇，其有以猶豫不決者，亦有以繞行鎮懾，如庖丁者。其不進，一也。或遲疑，或滿志，則二也。善刀音洗刀。

得官知止而神意行以養生也。至此已近七分篇幅，全說知一事。人生緊要處何在，甚明哉。

公文軒音廣聞宣。右師音有失。

驚曰，是何人也，惡乎介也。天與，其人與。曰，天也，非人也。天之生是使獨也，人之貌有與也，是以知其天也，非人也。

師sir，失sit。介也音鬩也。介kai，鬩koe。从介聲之界芥疥，另音koe／ke，故介亦然。鬩，說文云，斷也。天與，其人與，錢穆引舊注云，與同歟。人之貌有與，德充符云，道與之貌，天與之形。失一足，知天與我如此形也。安之若命，故答曰天也。

澤雉十步一啄，百步一飲。不蘄畜乎樊中。

十步百步覓食，如逍遙遊之狸狌。音不期畜乎藩中，不意受捕也。

神雖王，不善也。

老聃死，秦失弔之，三號而出。弟子曰，非夫子之友邪。曰，然。然則弔焉若此，可乎。曰，然。始也，吾以為其人也，而今非也。向

音身雖王，指形美。此種中有帝雉，印於台灣千元鈔上。以美而圈於藩中，有用之害也。右師，澤雉兩段，一說形殘無用，一言形美有用。故相接，所謂章句也。

老聃音老耽。耽，說文云，耳大垂也。秦失音偵 ceng 死，即問死。秦 cin，說文云，从禾舂省。從舂聲之椿，音 cinn／ceng／ciong，此據廖氏。故舂亦有三音。cinn 與秦 cin，聲近。而 ceng 則爲台語

吾入而弔焉，有老者哭之，如哭其子。少者哭之，如哭其母。彼其所以會之，必有不蘄言而言，不蘄哭而哭者。是遁天倍情，忘其所受。古者謂之遁天之刑。適來，夫子時也。適去，夫子順也。安時而處順，哀樂不能入也。古者謂是帝之縣解。指窮

秦之通行音。

錢穆引吳汝綸云，倍，背也。

音帝之冠解，至善之死也。音脂窮

於為薪，火傳也，不知其盡也。

於爲薪。脂如少爲薪，可緩其盡。老聃如脂，忘死以終天年。故曰，適去，夫子順也，哀樂不能入也。

本篇或爲莊子最早作品，雖然，彼一生所論，十九既見於此焉。亦以此，主題多至四。或復因久聞於外，弟子亦無從附綴其文，故篇幅最短。然所涉者廣，以下四篇繼以分述。莊子有言，遂得井然而盡。位逍遙齊物後，正得其所哉。

人間世第四

首段顏回見仲尼全刪，論說人君之術，大背莊子義，非其文也明焉。爲君之道，莊子說於應帝王。

葉公子高將使於齊，問於仲尼曰，王使諸梁也甚重。

錢穆引陸德明云，沈諸梁，字子高，楚大夫，爲葉縣尹，僭稱公。依錢穆先秦諸子繫年，孔子困於陳蔡之間，時年六十三，後適負函就葉公。

小子按，名諸梁，屋梁橋樑也，故字子高。其人未曾使齊，本段乃莊子寓言。惟何以假託葉公子高。伏筆於此，論說展諸後二篇，說人生二大難題之一。論語子路篇，葉公語孔子曰，吾黨有直躬者，其父攘羊，而子證之。仲尼對以吾黨之直者，父爲子隱，子爲父隱。此對談，實忠孝不能兩全時，取忠乎，抑取孝乎之辯也。今莊子有言，借古事明之。所假之人，葉公之外，尚有能競者乎。

齊之待使者，蓋將甚敬而不急。匹夫猶未可動也，而況諸侯乎。吾甚慄之。子嘗語諸梁也，曰，凡事若小若大，寡不道以懽成。事若不成，則必有人道之患。事若成，則必有陰陽之患。若成若不成，而無後患者，唯有德者能之。吾食也，執粗而不臧。爨，無欲清之人。今吾朝受命而夕飲冰，我其內熱與。吾未至乎事之情，而既有陰陽之患矣。事若不成，必有人

懽即歡，乃未同文時之書也。

音質粗而不臧。

事之情音事之前。下文情同。

道之患。是兩也，為人臣者，不足以任之。子其有以語我來。仲尼曰，天下有大戒二。其一，命也。其一，義也。子之愛親，命也。不可解於心。臣之事君，義也。無適而非君也。無所逃於天地之間。是之謂大戒。是以夫事其親者，不擇地而安之，孝之

音無釋而非君也。臣之義，不可放下而不事君。

既是天下大戒，本段不爲篇首可乎。

至也。夫事其君者，不擇事而安之，忠之盛也。自事其心者，哀樂不易施乎前，知其不可奈何而安之若命，德之至也。為人臣子者，固有所不得已。行事之情，而忘其身。何暇至於悅生而惡死。夫子其行，可矣。

無親可事，且不爲臣者，可自事其心。

德之至說在大宗師第二段。

脂窮於爲薪，火傳也，不知其盡也。無暇惡死者，仲尼門中，唯子路一人而已。錢穆《孔子傳》引孟子曰：「孔子於衛，主顏讎由。彌子之妻，與子路之妻兄弟也。彌子謂子路曰，孔子主我，衛卿可得也」。據朱熹集註，彌子，衛靈公幸臣彌子瑕也。其妻自非平民，乃士大夫之女。則子路之妻亦是焉，惟或有妻生，妾生之別爾。如此子路可爲平民乎，平民可冠雄雞乎，不能也。其與莊子皆貴族之後。於爲臣之道，二人所保與遊士，有所異焉。

以下自丘請復以所聞起刪除，文長

匠石之齊，至乎曲轅。見櫟社樹，其大蔽牛，絜之百圍。其高，臨山十仞而後有枝。其可以為舟者，旁十數。觀

義淺，實狗尾續貂，徒亂段旨。第三段顏闔將傅衛靈公大子刪除。論伴君而保身之術，與本段不擇事而安之，忠之盛也之論大悖。顯非莊子文。雖然，亦有數語確屬莊子親言。

音至乎曲寃。

音見陋捨樹。櫟 look，陋 loo。

音揤 kap 之百圍，絜 kat。揤，廖氏云，兩手合抱。百人合抱之樹也。

旁十數音方十數。比方有辭。

者如市。匠伯不顧，遂行不輟。弟子厭觀之，走及匠石，曰，自吾執斧斤以隨夫子，未嘗見材如此其美也。先生不肯視，行不輟，何邪。曰，已矣，勿言之矣。散木也。以為舟，則沉。以為棺槨，則速腐。以為器，則速毀。以為門戶，則液樠。以為柱則蠹。

饱觀之。

鏝墁趨鰻，从曼聲，音俱同樠，則

是不材之木也。無所可用，故能若是之壽。匠石歸。櫟樹見夢曰，女將惡乎比予哉。若將比予於文木邪。夫柤梨橘柚果蓏之屬，實熟則剝則辱。

大枝折小枝泄。

此以其能苦其生者也。故不終其天年，而中道夭。自掊擊於世俗者

漫亦是。樹汁漫出也。

文質有辭。

音則搦。

音小枝拽se，泄從世se聲。

果實出自樹，反苦其樹。

音自曝擊於世俗。掊phoo，曝pook。

也，物莫不若是。且予求無所可用，久矣。幾死，乃今得之，為予大用。使予也而有用，且得有此大也邪。且也，若與予也，皆物也。奈何哉，其相物也。而幾死之散人，又烏知散木。

匠石覺而診其夢。弟子曰，趣取無用，則為社。

養生主之澤雉，不亦自曝其美者乎。

故地名曲冤。

其相以彼爲物，而己非物。音幾死之杉人，又惡知散木。言幾死者，以有用或將中道夭也。

診音陳，述也。診 cin，陳 tin。廖氏之c，即甘氏之ch／ts，皆與t互

何邪。

曰，密，若無言。彼亦直寄焉，以為不知己者詬厲也。不為社者，且幾有翦乎。且也，彼其所保與眾異，而以義譽之，不亦遠乎。

音。音趨取無用，擇爲捨。下文社仿此。則cek，擇tek。

密閉有辭。

音且期有翦乎。

音而以義喻之。

德合一君者，逍遙遊之宋榮子猶然笑之，不也所保與眾異乎。下段南伯子綦遊於商之丘，全刪。犯重本段，必弟子摹仿之作。

支離疏者，頤隱於齊，肩高於頂。會撮指天，五管在上，兩髀為脅。

挫鍼治繲，足以餬口。鼓筴播精，足以食十人。上徵武士，則

音脊膂縮者，頤因於臍。頤就臍位也。音會髺 coa 指天，撮 coat。音五官在上，面仰也。常人髺垂於頸後，支離則因面仰，髺埋入頭腹之間，故會束其髮於頂，曰指天。髀，說文云，股也。肩下即股，明其無胸腔，乃因脊椎萎縮故。膂，脊梁也。

音剉鍼治線。繲从鮮聲，同線音。

音勾篋播種。筴 kiap，篋 khiap。

支離攘臂於其間。上有大役，則支離以有常疾，不受功。上與病者粟，則受三鍾與十束薪。夫支離其形者，猶足以養其身，終其天年。又況支離其德者乎。

音爲脊膂，莊子因之而作新辭支離。取枝椏離去主幹之義，言其所保與眾異也。梭羅有云，MARCH TO A DIFFERENT DRUM。

音不受工。

支離其德，其無用又勝乎支離其形者。如何養身終天年，說在下篇。

孔子適楚，楚狂接輿游其門。曰，鳳兮鳳兮，何如德之衰也。來世不可待，往世不追也。

天下有道，聖人成焉。

孔子適楚，僅至負函，就葉公即止，其地在楚鄭邊境。

音何汝德之衰也。孔子遭厄於陳蔡之間，誠陋捨樹所謂，自曝擊於世俗者也。

論語微子篇云，往者不可諫，來者猶可追。此爲原作，莊子文乃變奏。其於來世，亦無期望，自求逍遙即足。

音聖人增／剩焉。下句仿此。自天下起，論語無。

天下無道，聖人生焉。
方今之時，僅免刑焉。
福輕乎羽，莫之知載。
禍重乎地，莫之知避。
已乎已乎，臨人以德。
殆乎殆乎，畫地而趨。
迷陽迷陽，無傷吾行。

避從辟 pek／phiah 聲，故可音 pek。
止乎止乎，所自曝擊於世者。地 te，避 pek，德 tek 一韻。
危乎危乎。音禍地而趨。畫 ek，禍 e。
音未用未用。迷陽二字當作緜蘡。迷 bi，緜 mi。陽 iong，蘡 eng。陽

吾行郤曲，無傷吾足。山木，自寇也。膏火，自煎也。桂可食，故伐之。漆可用，故割之。

蘡間以壅／用轉音也。用 iong／eng。蘡，即蘡薁，藥名野葡萄藤，所以能絆足也。緜蘡 eng，吾行 heng，一韻。

郤曲，退而繞行也。退郤有辭。趨 chiook，曲 khiook，足 ciook，一韻。

脂窮於爲薪，火傳也，不知其盡也。

人皆知有用之用，而莫知無用之用也。

既處人間，難逃二大戒，又需保身以盡天年，誠三大難也。弟子文既刪，南華經旨義即大明。逍遙遊之無所可用，安所困苦。養身主之澤雉，爲有用而遭畜。至本篇之櫟社樹，以無用爲大用。各篇連貫，前後發明。爲莊子宗旨無疑。而所刪者，盡雜亂原貌之章。雜篇〈天下〉，壓軸也，非弟子之著名者不得任，尚言內聖外王之道。將外王矣，逍遙遊之眾所同去，惠子所箴，不乃矛盾乎。莊子門徒之仁仁者，其文猶若是，而況其庸乎。故不可不刪。

上所言者，雜篇之終也。對應者，外篇之始也，曰駢拇。亦出自弟子中之魁者。錢穆主老子書出莊子後，附證數十。本書從其說，並主莊子後，其弟子分作神仙家，老子二宗。外篇即道德經粗胚，而駢拇尤為道德一辭之始。王先謙《尚書孔傳參正》引程顥云，「道德二字，德字最古，唐虞即有之。道字後起，三百篇但作道路之道……至道德並稱，尤屬後起……」。此引見王書〈大禹謨〉之反道敗德句。程意道德一辭，始見於戰國後。本書曰，道德連用，始於駢拇，再至道德經一書。以莊子道，德二字，內篇尚分言之，外篇始爲一辭也。齊物論云，道行之而成。德，本篇之陋捨樹，前篇狂接輿之歌，於此字可謂盡言焉。此莊子二字之義。內篇所夾其弟子文，亦未見道德並稱。二字義殊，於俗不當有辭。至駢拇則三見，「多方乎仁義……而非道德之正也」，「則仁義又奚連連如膠漆纏索，而遊乎道德之間爲哉」，「余愧乎道德，是以上不敢爲仁義之操……」。大弟子說如是，其後成之老子襲此辭，亦屬自然。道德經云，故失道而後德，失德而後仁，失仁而後義，失義而後禮。道德仁義四字，順次以生，非駢拇篇之發揮乎。且其德字，已異乎莊子。既雜有神仙老子之語，不刪之，南華經即誠然荒唐之言，無端崖之辭。飄杳迷亂，無以隨從。

養身主云不用知，本篇主說無用。俱爲終其天年也。養生主曰，可以養親，可以盡年。此下二篇復各有推演。

德充符第五

首段魯有兀者王駘全刪。乃弟子之神仙家流所作。與逍遙遊之肩吾，大宗師之子桑戶段，如出一轍。肩吾段云，……是其塵垢粃糠，將猶陶鑄堯舜者也，孰肯以物為事。本篇王駘段云，……彼且擇日而登假，人則從是也，彼且何肯以物為事乎。子桑戶段則云，彼方且與造物者為人，而遊乎天地之一氣……彼又惡能憒憒然為世俗之禮，以觀眾人之耳目哉。三段所標榜者，神仙飛天之能，不肯以天下爲事之傲也。然本篇名德充符，神仙有德乎。乘雲御風，名之爲術固久遠矣，稱之曰德，實自古未聞。使仙人有德，堯舜禹湯，又何聖之有哉。德有所長，形有所忘，是本篇德字定義。王駘之德，則爲官天地，府萬物，與題目何涉。

申徒嘉，兀者也。

而與鄭子產，同師於伯昏無人。

子產謂申徒嘉曰，我先出，則子止。子先出，則我止。其明日，又與合堂同席而坐。子產謂

音剩獨腳／骹。嘉 ka，腳／骹 kha。兀，段玉裁云，兀音同月，是以跀亦作䟸。廖氏 goat 聲收有月，刖，䟸，軏。車表義兀表聲，即兀 gu 亦有 goat 音。跀，斷足也。伯昏無人音譬云無仁。仁，台語眼珠也。

鄭僑，字子產。僑者，橋也。杉 sam 木，橋樑之材。產 san 音杉 sam。錢穆引郭象曰，羞與刖者並行。

申徒嘉曰，我先出，則子止。子先出，則我止。今我將出，子可以止乎，其未邪。且子見執政而不違，子齊執政乎。申徒嘉曰，先生之門，固有執政焉如此哉。子而說子之執政，而後人者也。聞之曰，鑑明則塵垢不止，止則不明也。久與賢人處，則無過。今子

子產執鄭國之政二十二年。不違音不迴，迴避有辭。說音悅。後人，使人居後。

之所取大者，先生也。而猶出言若是，不亦過乎。子產曰，子既若是矣，猶與堯爭善。計子之德，不足以自反邪。申徒嘉曰，自狀其過，以不當亡者衆。不狀其過，以不當存者寡。知其不可奈何，而安之若命，唯有德者能之。

剩獨骹，因罪跀一足。

錢穆引陸長庚云，自狀己過，以吾足不當亡者衆矣。按，訴狀有辭，不辯解其過，而以己足不當存者少。人間世云，自事其心者，哀樂不易施乎前，知其不可奈何而安之若命。養生主右師以其之介，爲天

遊於羿之彀中，中央者，中地也。然而不中者，命也。人以其全足，笑吾不全足者，眾矣。我怫然而怒。而適先生之所，則廢然而反。不知先生之洗我以善邪。吾與夫子遊，十九年矣，而未嘗知吾兀者也。今子

與。曰，天之生是使獨也。俱與申徒嘉意合。

彀，說文曰，張弓也。

中地音中的。地te，的tek。

怫然之怒，廢焉。

故人稱其無仁。

與我遊於形骸之內，而子索我於形骸之外，不亦過乎。子產蹵然改容更貌，曰，子無乃稱。

音子無乃嗔。嗔，說文云，盛氣也。左傳載子產言行獨多，以其博學也。六藝精湛之君子，莊子以之對比廢人剩獨腳，是視其爲幾死之杉人乎。

魯有兀者叔山無趾整段刪除。錢穆亦云此章淺薄不類。

魯哀公問於仲尼段，全刪。其旨在

闉跂支離無脤，說衛靈公，靈公說之。而視全人，其脰肩肩。甕盎大癭說齊桓公，桓公說之。而視全人，其脰肩肩。故德有所長，

才全德不形。形骸之內外，申徒嘉既說之明矣。此段於德不形，反言之無物，實不肖哉。

闉音⿰𧾷見，廖氏曰，行不正也。跂，說文云，足多指也。錢穆引崔譔曰，脤，脣同。脰，說文云，項也。其脰肩肩者，其頸比齊於肩也。比肩有辭。

甕，盎，廖氏云，皆口小腹大之陶器。癭，說文曰，頸瘤也。說之音悅之。論語憲問篇，孔子言衛靈公

而形有所忘。

人不忘其所忘，而忘其所不忘，此謂誠忘。

故聖人有所遊，而知為孽，約為膠，德為接，工為商。

無道。然莊子以其爲德有所長，比肩齊桓公。

人不忘所當忘，而忘其所不當忘。所當忘者外形也。所不當忘者，形骸之內也。

將逍遙遊，則知爲孽。

音欲爲膠。膠著有辭。

德者，得也，與接爲勾，日以心鬭。

錢穆云，以工巧求售。按，凡服食

聖人不謀，惡用知。
不斲，惡用膠。
無喪，惡用德，
不貨，惡用商。

器用，禮樂文章皆可售。仲尼不有云乎，沽之哉，沽之哉，我待賈者也。用知，生欲，貪得，求利，將如何逍遙。
謀者，士也。
音不圖。圖者，農夫亦與有焉。
不求服食器用，故無所亡，何必得。
貨者，工商也。聖人於士農工商俱不爲，俗世視爲支離其德。雖然，亦足以養其身，終其天年。僧尼之托缽，不爲例乎。而莊子則嘗爲漆園吏。孟子萬章下：「仕非爲貧也，而有時乎爲貧……抱關擊柝，孔子嘗爲委吏矣，曰，會計當而已矣。嘗爲乘田矣，曰，牛羊茁壯，長而已矣。位卑而言高，罪也。立乎人之本朝，而道不行，恥也」。位卑不言高，貧以養身，莊子也。小吏爾，非人臣，無涉乎忠之盛。說列國不見用，去人之本朝，則孟子也。無罪與恥，二者一也。養生主云，可以養親，可以盡年。如既無親可養，取不爲人臣，則人間世之二大戒，得免焉。遂可自事其心，爲德之至者。故本篇名德充符，作答前二篇未盡之言。章句在焉，只因弟子綴文，掩蔽軌跡爾。

按，孟子所引之報關擊柝，音報關計櫝。海關有報關，業務行之迄今。擊 kek，計 ke。戰國之際，尚無紙，用櫝。左手翻傳票，右手撥算盤，故曰，會計當而已矣。

四者，天鬻也。天鬻也者，天食也。既受食於天，又惡用人。有人之形，無人之情。有人之形，故群於人。無人之情，故是非不得於身。眇乎小哉，所以屬於人也。警乎大哉，獨成其天。

音四者天育也。施洗者約翰，食蝗蟲野蜜以生。聖人忘其所當忘，即忘形。形既忘，又何供養之有。故曰，又惡用人。不需營生也。出埃及記亦云，利未人無分無業。不營生，與世即無爭。此所以是非不得於身，可以終天年也。社會之廢人矣，故曰小哉。獨成其天，說在下篇眞人部分。

惠子謂莊子曰，人故無情乎。莊子曰，然。惠子曰，人而無情，何以謂之人。莊子曰，道與之貌，天與之形，惡得不謂之人。惠子曰，既謂之人，惡得無情。莊子曰，是非吾所謂情也。吾所謂無情者，言人之不以好惡，內傷其身。常因自然而不益生也。

前段云無人之情，是非不得於身。常順其自然而不營生。

惠子曰，不益生，何以有其身。莊子曰，道與之貌，天與之形，無以好惡內傷其身。今子，外乎子之神，勞乎子之精，倚樹而吟，據槁梧而瞑。天選子之形，子以堅白鳴。

神逐物於外。

吟倦不覺入眠。所倚之樹即槁梧。

音天全子之形。以堅白鳴，謂以堅白論而聞名。左襄二十一年，州綽曰，……平陰之役，先二子鳴。先音勝，勝二子而鳴。惠施其書五車，勞多有矣，好惡內傷其身。六十出頭而亡。莊子固言其非中道夭。雖然，亦僅微越之而已。天年，惠施實未盡焉。

惠施布衣卿相，其生眾人皆慕。支離其德者，雖終天年，其生世所同去。人間取捨，千古不變。雖然，偶有異焉。摩西之詩云，「吾人之生不過七十，其壯者八十，此間彼所矜誇者，不過是勞苦愁煩，將倏然為虛，吾亦倏然而逝」。功名富貴，其樂大矣，其用大焉，世人皆羨，故矜誇之。今謂之勞苦愁煩，其能類乎。豈非誣乎。然莊周常喪其我，而聞天籟。摩西則神之面諭數有之。與天地並生，或與神共行，彼二人之謂也。如是權勢財富之持，於喪其我，或於侍奉主，其煩也不勝焉。故曰勞苦愁煩。天歟，神歟，二子各有所取。故曰，莊子書非哲學，實宗教。

大宗師第六

音大莊／藏師。曰藏者，說在第一段末章。曰莊者，自評爲莊大師也。字作宗，即大宗小宗之義。然儒墨本顯學，稱大宗無異議。莊子之學，眾所同去，惠施既言之矣。如此亦號大宗，人有禦焉。作大師莊姓，則無不服者。人之生也，亦若是茫乎，齊物論如是問矣。而今有以爲答，大師之名，當之無愧。

知天之所為，知人之所為者，至矣。知天之所為者，天而生也。知人之所為者，以其知之所知，以養其知之所不知，終其天年，而不中道夭者，是知之盛也。雖然，有患。夫知有所待而後當。其所待者，特未定也。

音天二生也，即天再世。

音以用其知之所不知。

故前篇云知爲孽。

錢穆引成玄英曰，知必對境，非境不當。境既生滅不定，知亦待奪無

庸詎知吾所謂天之非人乎，所謂人之非天乎。且有真人，而後有真知。何謂真人。古之真人，不逆寡，不雄成，不謩士。若然者，過而弗悔，當

常。齊物論附文云，吾有待而然者邪，吾所待又有待而然者邪，吾待蛇蚹蜩翼邪。

錢穆引王先謙云，雖寡少，不逆忤。不以力取成。音不謀事，不鬥智也。

而不自得也。

古之真人，其寢不夢，其覺無憂，其食不甘，其息深深。真人之息以踵，眾人之息以喉。

順其自然，何過與當之有焉。本段主承德充符，續說有人之形，無人之情。以下刪登高不慄六句。其言入水不溺等，乃神仙家之言，必莊子弟子僞作。

無欲與憂，故無夢。不士農工商，即無所求。

出埃及後四十五日，以色列人飢甚於曠野，耶和華降嗎哪以食之。日久乃告摩西以厭膩，求耶和華賜瓜

屈服者，其嗌言若哇。

其耆欲深者，其天機淺。

古之真人，不知說生不知惡死。其出不訢，其入不距。翛然而往，翛然而來而已矣。不忘

菜麥豆蔥。可蘭經載摩西對曰，爾眾將易至善者以至劣者乎。其食不甘，摩西有之焉。

音氣浮者。屈 khut，氣 khi。由氣至去 khi／khu，再至屈。嗌音溢，說文云，器滿也。

音其期欲深者。

音不知悅生。

訢，說文云，喜也。翛，羽表義，依此指飛，速，即不留戀義。距音拒。

其所始，不求其所終。受而喜之，忘而復之。是之謂不以心揖道，不以人助天。是之謂真人。

古之真人，其狀義，而不朋。若不足，而不承。

養生主曰，適來，夫子時也。適去，夫子順也。又云，是遁天背情，忘其所受。音不以心遺道。揖 ip，遺 i。上句忘而復之，遺忘有辭。助天，惠施所謂不益生，何以有其身也。以下若然者至而不自適其適者也，刪去。文近老子，即外篇駢拇。

音其狀岌，而不崩。岌，說文云，山高貌。承受有辭。

與乎，其觚而不堅也。
張乎，其虛而不華也。
邴邴乎，其似喜乎。
崔乎，其不得已也。
滀乎進，我色也。

與乎止，我德也。
厲乎，其似世乎。謷乎，
其未可制也。連乎，其

音倚乎，其鼓而不堅也。

音炳炳乎。其或因喜也。
音摧乎。不得已而爲之也。
音退乎進，我適也。滀从畜 thek
聲，退 the。我之往也，進中有
退。
音與乎接，我得也。止 ci，接
cih。我受中有施。
音利乎，其似矢乎。傲乎，其未可
制也。連乎音槤乎。槤《類篇》：門

似好閉也。悗乎，忘其言也。

持關謂之楗。橫關木也。悗乎音悶乎。悶聲不響。利傲一類，楗悶一類。自其狀義以下，說眞人虛實難測。下篇列子段另釋此。人間世篇已戒仲尼曰，已乎已乎，臨人以德。師者，當深藏不露也。

以刑為體，以禮為翼。以知為時，以德為循。以刑為體者，綽乎其殺也。以禮為翼者，所以行於世也。以知為時者，

音以知爲侍。體翼，侍循，互對。

養生主曰，爲惡莫近刑。

時聲同上文。

不得已於事也。以德為循者，言其與有足者至於丘也，而人真以為勤行者也。

德，前篇所謂有人之形，無人之情。

即彼實非勤行者，亦非有足者，然使人忘其形也，如闉跂甕盎。德有所長，形有所忘是謂。刑禮知德四者，德充符之群於人是也。

故其好之也一，其弗好之也一。其一也一，其不一也一。其一與天為

好之也一，是非不得於身也。弗好之也一，群於人也。一，不一，俱彼是也。與天爲徒，

徒，其不一與人為徒。天與人不相勝也，是之謂真人。

死生，命也。其有夜旦之常，天也。人之有所不得與，皆物之情也。

彼特以父為天，

是非不得於身也。與人爲徒，群於人也。

兩者並行，而皆不失。

謷乎大哉，獨成其天。

人壽倒數而近，此天也。

其行進如馳，人莫之能止，皆物之大事也。事情有辭。

原文爲彼特以天爲父。錢穆引陶鴻慶曰，天父二字傳寫互易。本書從其說。

而身猶愛之，而況其卓乎。人特以有君為愈乎己，而身猶死之，而況其真乎。

即人既愛父，卓於父之天，能不更愛乎。可為國君赴死，愈進之天，能不更死之乎。眞音進。進卓對仗。此段所謂命也天也，今世已改稱命也神也。天僅指大自然而已。人之死生命運，惟決於神。彼特三句，意即視父如神而愛之，能不更愛眞神乎。且也，子之愛父，小愛爾。父之愛子，大愛矣。父之愛獨子，又至愛焉。至愛尚能更愛神，何況小愛乎。上帝命亞伯拉罕，以其獨子爲犧牲，燔祭上帝。亞伯拉罕如命而行，一問之未嘗有發。其愛上帝勝乎愛其獨子。其知有所至矣，不可以復加矣。路加福音又載，耶穌告眾人曰，不愛我勝乎愛其父母，妻兒，兄弟姊妹者，不能爲我門徒。耶穌以彼終不免爲凡人，弗能殉教也。此時，耶穌正前往耶路撒冷，將爲殉教之舉，故有斯言。而身猶愛之，子之事親也。而身猶死之，臣之事君也。二戒無

泉涸，魚相與處於陸。相呴以濕，相濡以沫，不如相忘於江湖。

所逃於天地之間。雖然，得避之於神殿。當取神為至大，君父次之，己身最下。

魚父魚子相與濕沫，豈非情之至乎，何以曰不如相忘於江湖。互助而生，相依為命，或可度泉涸，然終有一死之憂，年月不退。果能無此憂，種種歡樂將圓滿無憾。故曰而況其卓乎。卓者，神也，逍遙於江湖也。路加福音中耶蘇又續云，鹽若失其味，孰能使復鹹。其所謂鹽，指人所有之家人財富。耶穌之鹽失味，或二十年既有焉。十二歲之逾越節，其父母失其蹤，尋諸耶路撒冷，越三日始見其方受經於殿中。其母問之。耶穌答曰，何必尋我，豈不知我當心念我父之事乎。其所謂我父者，天父也。親情者，既失味之鹽。天父者，使其永生者，未失味之鹽也。故曰，不如相

與其譽堯而非桀也，
不如兩忘而化其道。

忘於江湖。

不如兩忘而化爲信神之道。神豈不進於君乎。而譽堯非桀，又俱是非也，又爲好惡而內傷其身。自段首至此，說人間二大戒與德之至。

大塊音大地。

夫大塊載我以形，
勞我以生，佚我以老，
息我以死。故善吾生
者，乃所以善吾死也。
夫藏舟於壑，藏山於澤，

魚相忘於江湖，人逍遙於大塊。

謂之固矣。然而夜半有力者負之而走。昧者不知也。藏小大有宜，猶有所遯。若夫藏天下於天下，而不得所遯，是恆物之大情也。

逍遙遊之樂，亦使不遯於天地間，是恆物之大事。前云物之情者，歲月流失而莫可奈何也。此言物之大情者，使善生善死不能遯也。

特犯人之形，而猶喜之。

音特範人之形。模範有辭。前段云受而喜之，忘而復之。

若人之形者，萬化而未始有極也，其為樂可勝計邪。故聖人將遊於物之所不得遯而皆存。

樂不可勝計者，大塊善我以生也。

音而階存。階梯有辭。所不得遯者，爲人之樂也。雖然，有一死焉。

既死，樂不也遁乎。惟大塊既息我以死，彼時之遯，又何有於我哉。

樂可勝計邪，此莊子言也。樂而忘天下，則孟子語也。〈盡心上〉曰：「……舜爲天子，皋陶爲士，瞽叟殺人，則如之何……舜視棄天下，猶棄敝蹝也。竊負而逃，遵海濱而處，終身訢然，樂而忘天下」。取忠乎，抑取孝乎，孟子以此答焉。竊負瞽叟而逃，孝也，子爲父隱也。棄天子位，不必執瞽叟，則無犯於忠。不能兩全，固然。惟已解仲尼不忠之責矣。其父攘羊，其子爲父隱，此仲尼之言。然犯法而爲之掩，不忠之議紛起，莫之能息。問難處在羊。若攘雞，則父子相爲隱，議論止焉，其值輕也。羊則重矣。

義字形狀，豈非我之羊乎，財產不受侵占，此之謂義。故子爲父隱，於他人爲不義，斯無辯。於是孟子以棄帝位解之。雖然，復有患焉。所謂終身訢然，果能有之乎。瞽叟將有病之苦，死之懼。二者舜能忍，而不改其訢然乎。外出覓食，瞽叟獨候於家，舜必掛心，欣喜又何其之有哉。必待瞽叟已能不知惡死，能翛然而往之際，舜始可釋其憂，而終身訢然。二人互無牽掛於海濱，孝親之樂不得所遯。此所謂不如相忘於江湖。人間世之命與義，二大戒之取捨，孔丘發端，孟軻逆轉，莊周定案，小子有幸作傳。

大宗師完。全文只二段。餘皆其弟子所作，出乎莊子者，幾句而已。僞文之先者，善夭善老以下數十句也。錢穆引嚴復云，自夫道以下數百言，是莊文最無內心處，不必深究。

南伯子葵段，說神仙境界，然未能說其德。明爲妄言。

子祀段，子桑戶段，犯重人間世，本篇甚多。顏回問仲尼段，並前之子祀段，言人死後化爲他物。化字，源自正文第二段，若人之形者，萬化而未始有極也。莊子言只此。死而化爲鼠胆蟲臂，但見於本篇，餘五篇無有前呼者。難信其爲正文。莊子未爲立說，也明焉。宜集在雜篇，而非此處。惟段末數語甚美，爲莊子言無疑。

意而子段，詆毀仁義是非，分明屬老子之論。

顏回段，曰忘仁義禮樂。與本篇之以禮爲翼，不乃大悖乎。

最終子輿段，問何以獨貧。既受食於天，又惡用人，非莊子之教乎。竟有斯怨。後演化爲老子，神仙二家，亦無足怪哉。萬物與我爲一，非親身會之，不能有人之形，無人之情。禪宗之不立文字，良有以也。

莊子雖已說其境，世人且有心會悟，奈何問無津渡。其非客觀之境，眾生弗能有所取。失傳於是有焉。

老子一派，則捨此難參之境，而獨取應帝王篇。其義屬客觀，天下人皆能取，故其書傳世綿綿不止。

應帝王第七

音映帝王。本篇延續前六篇，然主論君道。

齧缺問於王倪，四問而四不知。齧缺因躍而大喜，行以告蒲衣子。

蒲衣子曰，而乃今知之乎。有虞氏不及泰氏。有虞氏其猶藏仁以要人，亦得人矣，而未始出於非人。

泰氏其臥徐徐，其覺于于。一以己為馬，一以

音孽齒問於憨牙。缺 khih，齒 khi。王 ong，憨 gong。孽，頑皮，惡作劇義。鐵齒有辭，孽齒不可有乎，又對仗憨牙。

音樸一子。蒲 phoo，樸 phook。衣 i，一 it，泰氏音太氏，太古也。藏仁音臧仁，表彰仁義也。齊物論所刪文，有大仁不仁句。

出於人，亦得人。

音其覺愚愚。于 u，愚 gu。臥，眠也。齊物論云，其次以爲有物矣，

己為牛。其知情信，其德甚真，而未始入於非人。

鄭有神巫曰季咸。知人之死生存亡禍福壽夭。期以歲月旬日，若神，鄭人見之，皆奔而走。

而未始有封也。即出於非人，入於人。有人之形，故群於人也。泰氏其德甚眞，有虞氏臧仁得人。泰氏爲古，有虞氏爲近。由此，道德經句生焉，曰，失道而後德，失德而後仁。

季咸音鬼現。從咸聲之喊音 hiam，則咸亦有 hiam 聲。現 hian。莊子或取材自左傳昭七年，「鄭人相驚以伯有。曰，伯有至矣，則皆走，不知所往。鑄刑書之歲二月，或夢伯有介而行，曰，壬子，余將殺帶也。明年壬寅，余又將殺段也。及壬子，駟帶卒，國人益懼。齊燕平之月壬寅，公孫段卒……」。按，伯有爲子產兄，其見夢爲鬼曰殺帶時，已卒八年。名良霄，字伯有，音伯雨u。

霄，說文云，雨霓爲霄。伯有之能爲鬼殺人，據左傳，實良有質也。其死於魯襄公三十年，之前十二年，即襄公十九年時，公孫揮，裨灶，清晨過伯有氏，其門上生鏽。公孫揮曰，其鏽猶在乎。爲此語時，日出二度。裨灶指之曰，猶可以終歲，歲不及此次也已。十二年爲一次。公孫揮問鏽時，旦二次。鏽壽台語同音，裨灶因答曰，壽猶可以終歲，歲不及十二年。

二旦者，不可能也。令公孫揮，裨灶以爲實見二旦，則鬼神能也。彼乃待裨灶之過伯有氏乎。彼又使公孫揮問鏽乎。鏽／壽，歲不及此次

列子見之而心醉。

歸以告壺子。曰，始吾以夫子之道為至矣，則又有至焉者矣。壺子曰，

之聲既出，鬼神遂以之爲讖。故所以通達鬼神者，非字形也，實聲也。而伯有之能動鬼神，又早有兆焉。

列子音匿子，列 liat，匿 lek。例 le，咧 leh，俱從列聲，故列音 le／leh。

壺 hoo 子音伏子。錢穆「先秦諸子繫年」，考證列子壺子，引古籍含漢書，戰國策，尸子，淮南子，呂氏春秋，韓詩外傳，誠錙銖不遺矣，

吾與汝既其文，未既其實，而固得道與。眾雌而無雄，而又奚卵焉。

然終未能歸一。因信諸子之言，必有所本故也。本書則於一切古籍，除詩書左傳外，餘皆不敢遽從。錢氏所引各書，俱出春秋以後，故一概不採。

列子壺子，本書曰，亦莊子寓言之人物爾。伏 hook。粵語之伏匿匿，即指捉迷藏。

音而苟得道與。苟且有辭，姑且，暫且義。

而以道與世亢必信，夫故使人得而相汝。嘗試與來，以予示之。明日列子與之見壺子。出而謂列子曰，嘻，子之先生死矣，弗活矣，不以旬數矣。吾見怪焉，見溼灰焉。列子入，泣涕沾襟，以告壺子。壺子曰，鄉吾示之以地文，萌乎不震不止。是殆見吾杜德

錢穆云，《列子》亢作抗。信，實也。

音見死灰焉。

鄉音向，下文同。

音萌乎不進不止。

音是逮見吾堵窒機也。逮，說文云，

機也。嘗又與來。明日，又與之見壺子。出而謂列子曰，幸矣，子之先生遇我也。有瘳矣，全然有生矣。吾見其杜，權矣。列子入，以告壺子。壺子曰，鄉吾示之以天壤。名實不入，而機發於踵，是殆見吾善者機也。嘗又與來。明日，

及也。德 tek，窒 tit。窒因得 tit／tek 轉聲而爲德。

音吾見其堵，寬矣。

音名實不離。入 lip，離 li。

錢穆引陸長庚云，眞人之息以踵。按，其後續文有，其耆欲深者，其天機淺。

又與之見壺子。出而謂列子曰，子之先生不齊，吾無得而相焉。試齊，且復相之。列子入，以告壺子。壺子曰，吾鄉示之以太沖莫勝，是殆見吾衡氣機也。鯢桓之潘為淵，止水之潘為淵，流水之潘為淵。淵有九

錢穆引陸德明云，本又作齋，下同。

音鯢鯇。廖氏云，鯇，草魚也。潘音藩。藩，說文云，屏也。疆界義。衡氣機音行氣機。大宗師云，氣浮者，其嗌言若哇。

名，此處三焉。嘗又與來。明日，又與之見壺子。立未定，自失而走。壺子曰，追之。列子追之，不及，反以報壺子。曰，已滅矣，已失矣，吾弗及已。壺子曰，鄉吾示之以未始出吾宗。吾與之虛而委蛇，不知其誰何。

錢穆引成玄英云，九淵名，見列子。

音未始出吾藏。

音虛而僞奢 sia，不知其誰何 hia。

同从可聲之呵訶，另音 hia，故何

因以為弟靡，

因以為波隨，故逃也。

然後列子自以為未始學而歸。三年不出，為其妻爨，食豕如食人，於事無與親。雕琢復朴，塊

亦然。

音因以爲稊米。稊，《爾雅翼》云，稊有米而細。〈秋水〉篇：不似稊米之在太倉乎。

音因以爲波水。是稊乎，或米乎。謂之波乎，抑水乎。以上爲法家重術派之根源。

一以己爲豕，

塊然音沌然。塊，說文云，土對切。

然獨以其形立。

紛而封戎，一以是終。

無為名尸，

對tui，敦tui／tun，沌tun。因敦轉聲至tui，誤書爲塊。沌見本篇渾沌附文。

音混而封讓。撤其封界，齊物論云，其次以爲有物矣，而未始有封焉。泰氏一以己爲牛，一以己爲馬。

逍遙遊有弟子綴文，載列子御風而行，曰至人無己，神人無功，聖人無名。明屬老子一派之語。文綴於逍遙遊，惟實出於本篇此句。

無為謀府，無為事任，
無為知主。
體盡無窮，而遊無朕。
盡其所受乎天，而無見
得，亦虛而已。

至人之用心若鏡，
不將不迎，
應而不藏，

黃老無爲而治之術，於此四見焉。
音退進無徑，立遊無徵。朕 tim，
徵 tin。尾音 m，n，一沉一揚，然
吟唱中無別焉。徵 ceng／tin 誤轉
爲 tin，又互音至 tim。

音不從不迎，即不從不逆。逆，說
文云，迎也。隨其後日從，往其前
日逆。鏡迎一韻。

音映而不臧。有虞氏臧仁，太氏不

故能勝物而不傷。

知有仁。物無非是也。音成物而不傷。臧 cong，傷 siong。ong 有作 iong 者，已云毛詩甚多此例。此字以廖氏於聲未有遺收，不假毛詩，亦足證其爲互音。從易聲之湯盪湯燙俱有 thong 聲，傷與臧成韻，尚有問乎。

大宗師言聖人，此舉至人。至人者，萬人上之帝王乎。上舉之逍遙遊綴文，其至人無己句，太氏之謂也。繫之於逍遙遊，前無引，後不應，突兀其有焉。

養生主起論素人，大宗師兼及百家之師者，本篇則言帝王。由一介布衣說至君道，雖然，非所謂內聖外王也。齊物論之「……其以為未始有物者……而未始有封也……而未始有是非」，乃自無適有之述。養生主起至此，則自有是非返溯未始有封之記爾。

南海之帝為儵，北海之帝為忽，中央之帝為渾沌。儵與忽時相與遇於渾沌之地。渾沌待之甚善。儵與忽謀報渾沌之德。曰，人皆有七竅，以視聽食息。此獨無有，嘗試鑿之。日鑿一竅，七日而渾沌死。

應帝王正文完。南海之帝段，屬附文。

視聽食息，同佛家之五蘊，眼耳鼻舌身，色受想行識。所謂知/識也。據創世記，造天地萬物亦歷七日。

豳風之東山／七月

豳風之東山，七月，小子以爲詩三百之至美者。特以台語解之，附於莊子內篇末。以將不再注上古文獻也。豳，廖氏惟輯一聲 pin，同頻。元和郡縣誌云，京兆美原縣有頻山。略推其至朝邑鎮約百五十里。朝邑鎮南即強梁原，篤／鬥公劉所居地。〈大雅．公劉〉云，篤公劉，于豳斯館，此之謂也。名該地爲豳，取頻山故土之音乎。若是，則不竄奔於戎狄之間，後越黃河，而止於頻山矣。至公劉始迺埸迺疆，遷至強梁原，以利行搶。公劉詩所謂，涉渭爲亂，取璃取瑑是也。朱熹集註曰，豳在邠州三水縣。依此說該地東至黃河約四百里。錢穆《古史地理論叢》之周初地理考第三十五云，「禹貢雍州不及絲，而〈豳風．七月〉盛言蠶桑，非雍也」。指豳不在雍州，當處於晉。本書以爲去河四百里之邠州，不產絲乃自然。惟距晉僅一河之朝邑鎮，與晉同有蠶桑，又何難之有哉。朱註豳在邠州為誤，錢穆辯在汾河一帶，亦不合孟子。錢書引孟子云，「大王去豳，踰梁山，邑於岐下」。如豳近汾河，岐下在雍州，中有黃河介之。孟子何以未言渡河。漆沮二水甚細，周人之渡，大雅尚頌之。如何過大河而不歌。故豳不在晉，在朝邑。東山，七月，作者應是同一人。其有才，一詩不足以盡洩焉。

東山

我徂東山
慆慆不歸 kui
我來自東 tong
零雨其濛 bong
我東曰歸 kui
我心西悲 bui／pui／hui
制彼裳衣 ui
勿士行枚 mui
蜎蜎者蠋 siook

悲，蜚 bui／pui／hui 同從非聲。

音勿使烘煤。

音卷卷者蜀。蜀，說文云，葵中蠶也。葵，菜也。

烝在桑野 ia
敦彼獨宿 siook

亦在車下 ha

我徂東山
慆慆不歸
我來自東

音烝在桑野。

音椎彼獨宿。朱注，敦音堆。此注本書從之，以朱於此詩之音，屢得之也。堆，台語音椎，笨而可笑義。椎魯有辭。原字敦亦通，敦厚也，同椎。

a 有發爲 ia 者，同 ong 有 iong 例。故桑野，車下一韻。

零雨其濛
果蠃之實 sit
亦施於宇 u
伊威在室 sit
蠨蛸在戶 hu
町疃鹿庭 tiann

實音室。土蜂之室也。

蟻逶在室。伊 i，蟻 gi。

廖氏戶只一聲 hoo。然當另音 hu，以國語注音爲ㄏㄨˊ(hu) 也。如苦聲從古 koo／ku，古二聲，台語苦則一音 koo 爾，ku 廢矣。朱注曰小蜘蛛，惟台語指大蜘蛛。小則何畏之有。

音廳堂爐庭。朱書作鹿場，不成

熠燿宵行 kiann
亦可畏也
伊可懷也
我徂東山
慆慆不歸
我來自東
零雨其濛
鸛鳴于垤 tiat

韻。應爲庭字。庭場同義，或致誤。

音鴟鴞宵行。熠 sip，鴟 chi。鴟鴞，貓頭鷹也。

音鸛鳴于堞 tiap。堞，段玉裁云，

婦嘆于室 sit
洒埽穹窒 that
我征聿至 ci
有敦瓜 koa 苦 khoo
烝在栗薪 sian

城上女垣也。

音室掃穹挖 tha。挖，廖氏云，以長尖之物撥挑。本句即掃地清天花板義。垤窒一韻。

聿 ut 音有 u。我將歸也。

音有對樺鍜 koo。掘得一尾旋鰡鍜，獲大旋鰡也。敦，朱注音堆 tui，本書從其聲，字則取對。

音種在櫪先，在馬槽前也。先有 sian／sin／seng 音。原誦 sian，

自我不見 kian
于今三年 lian
我徂東山
慆慆不歸
我來自東
零雨其濛
倉庚于飛 hui
熠燿其羽 i
之子于歸 kui

轉爲 sin，其終誤作薪 sin。

老家景物，三年可還依舊。

朱註黃鸝也。廖氏鶬鶊，黃鶯也。
羽 u。惟從羽聲之習，其音 sip，故
羽另有一聲，其母音爲 i。

皇駁其馬 ma
親結其縭 li
九十其儀 gi
其新孔嘉 ka
其舊如之何 oa

七月

七月流火 hoe

音黃鞴其馬。

音其舊如之悅 oat。新人甚嘉，舊人之悅亦不亞。

朱熹註云，指夏曆七月，後凡言月者，仿此。火，大火，心宿二，星座爲天蠍。朱云，六月之昏加於地

九月授衣 oe

之南方，至七月之昏，則下而西流矣。

衣 i／ui，甘氏，廖氏俱此二音爾。何以注其爲 oe。圍 ui 者，環繞也，如裳。左傳昭元年，劉定之語趙孟曰，吾與子弁冕端委，以治民臨諸侯，禹之力也。端委音緞圍 ui，即緞帶衣裳。衣 ui／i，聲與義俱同圍，乃借圍字之上選也。從韋聲之衛，音 ui／oe，故圍亦有 oe 聲，甘氏廖氏俱失輯。本句原作應

一之日觱 pi 發 hoat

二之日栗烈 leh

是九月授圍，誤轉 ui 聲，後又借作衣字。如非此，則起首後至第四句始成韻，中斷二句，過長焉。作者能忍斯乎。其文才，睥睨詩三百，必不忍也。

一之日⿰口皮發。⿰口皮唇，⿰口皮裂有辭，龜裂也。

音厲裂 leh／liat。烈裂同從列 leh 音。一之日二日，指第一天第二天，由何時何月何旬起算，則不定也。以下仿此。

無衣無褐 hat
何以卒歲 hoe
三之日有耜 si
四之日舉趾 ci
同我婦子 ci
饁彼南畝

田畯至喜 hi

七月流火 hoe

說文云，一日粗衣。

以踩耜也。

音耠彼南畝。饁 ia，耠 hap。饁從盍 hap 聲，廖氏云，鬆土農具，輕巧於犁。

田畯，朱云勸農之官。二句亦重見於小雅之甫田，大田篇。

九月授衣 oe
春日載陽 iong
有鳴倉庚 keng
女執懿筐 kheng
遵彼微行 heng
爰求柔桑 siong
春日遲遲 ti
采蘩祁祁 ki
女心傷悲 hui
殆及公子同歸 kui
七月流火 hoe

倉庚見東山篇。
音女執椅筐。
微行音微徑。
求音摸 khiu，台語扯也。商桑宋同音。
音猜怨急急 kip。
非 hui。
殆音待。如此期盼，故日春日遲遲。

八月萑 hoan 葦 oe
蠶月條桑 siong
取彼斧斨 chiong
以伐遠楊 iong
猗彼女桑

七月鳴鵙 kek
八月載績 ceh
載玄載黃 hong

音八月萑葦。萑，廖氏云，金針花也。蠶音涼 niu 月雕桑，此時桑葉已凋畢。

音與彼女桑。伐遠揚者，存近矮之枝，使來年採桑易也。前文曰女執椅筐。

朱云伯勞鳥。

hong 有音 hiong 者。

我朱孔陽 iong
為公子裳 siong
四月秀葽 iau

五月鳴蜩 tiau
八月其穫 hoo
十月隕蘀 thook

一之日于貉 hook
取彼狐狸
為公子裘 hiu

葽繞，亦名遠志，華北五月中下旬，東北六月開花。

蜩也。

八月收割。

音十月醞稌 too。稌，說文云，稻也。十月爲酉月，釀酒月也。

音一之日有伏。

二之日其同 tong
載纘武功 kong
言私其豵 cong
獻豜于公 kong
五月斯螽動股 koo
六月莎雞振羽 u
七月在野 ia
八月在宇 u
九月在戶 hu

依舊設伏。
音再層武功，加層也。
音嚴俟其蹤。
蟋蟀也，下句同。
戶有u音，見東山篇。

十月蟋蟀入我牀下 ha
穹窒熏鼠 chu
塞向墐戶 hu
嗟我婦子 cu
曰為改歲
入此室處 chu

野下一韻。音空／孔窒熏鼠。穹 khiong，空 khong。已言ong有發聲爲iong者。鞏即一例，至少有 khong／khiong／kiong 三音。窒仔，台語塞子也。塞塡縫隙以燻鼠。音塞穹緊戶。向 hiong，穹 khiong。防北風也。

六月食鬱及薁 o
七月亨葵及菽 siook
八月剝棗 co
十月穫稻 to
為此春酒 ciu
以介眉壽 siu
七月食瓜 koo
八月斷壺 hoo
九月叔 cek 苴 cu

音食蓊 u，鬱 ut。蓊，俗稱山蓊菜，三~四月開花，五~六月可收種子。薁，即薁蕘，愛玉也。

音七月烹瓜。葵 khoe，瓜 koe。

介音階。

音七月食果，果 koo／ko。孤菰觚俱音 koo。音八月斷瓠／葫。

音九月截苴。苴，麻也。

采荼薪樗 u／oo
食我農夫 hu
九月築場圃 phoo
十月納禾稼 ke
黍稷重穋 liook

禾麻菽麥 bek
嗟我農夫
我稼既同 tong
上入執宮功 kong

音採荼承芧。用下裳接芧頭。
荼，苦菜也。

朱云，先種後熟曰重，後種先熟曰
穋。

音既當。

晝爾于茅 mau
宵爾索綯 iau

亟 khi 其乘屋 ook
其始播百穀 kook
二之日鑿冰沖沖 chiong
三之日納于凌陰
四之日其蚤 cau
獻羔祭韭 kiu

音晝爾有卯，鑿卯眼也。
音霄爾搓九 kiau。搓九，台語摸牌。iau 音 kiau 者，k 對應ㄍ，屬ㄍㄎㄏ組，kiau 之 k，發聲不發聲俱可。

音迄 khit 其成屋。乞 khit。

音冷陰。

取祭久之音乎。

九月肅霜 siong
十月滌場 tiong
朋酒斯 sir 饗 hiong
曰殺羔羊 iong
躋彼公堂 tong
稱彼兕觥 kong
萬壽無疆 kiong

霜 song，聲從相 siong。

音秉酒是 si 饗。

古人田園詩多矣。或寫山水，或誦與世無爭，此外無他義，千篇一律。且幾全出文人之手。本篇亦歌田園，然未有悠然見南山之閒。反備田獵之喜，飲酒賭博之樂，蟲鳥之趣，生氣勃勃。所以獨成一格者，爲其不出文人之筆，而出貴族之手乎。由〈東山〉之敦彼獨宿，亦在車下觀之，作者當屬士一級。

致謝

本書多蒙陳素卿小姐校正台語語音，羅儷翎、王品婷小姐協助 word 檔輸入，於此並致感謝。

國家圖書館出版品預行編目資料

莊子正文／簡道凡著. -- 初版.--臺中市：白象文化事業有限公司，2022.9
面； 公分
ISBN 978-626-7151-55-6（平裝）

1.CST: 莊子 2.CST: 注釋
121.331 111009417

莊子正文

作　　者　簡道凡
校　　對　簡道凡
發 行 人　張輝潭
出版發行　白象文化事業有限公司
412台中市大里區科技路1號8樓之2（台中軟體園區）
出版專線：（04）2496-5995　傳真：（04）2496-9901
401台中市東區和平街228巷44號（經銷部）
購書專線：（04）2220-8589　傳真：（04）2220-8505
專案主編　黃麗穎
出版編印　林榮威、陳逸儒、黃麗穎、水邊、陳媁婷、李婕
設計創意　張禮南、何佳諠
經紀企劃　張輝潭、徐錦淳、廖書湘
經銷推廣　李莉吟、莊博亞、劉育姍、林政泓
行銷宣傳　黃姿虹、沈若瑜
營運管理　林金郎、曾千熏
印　　刷　百通科技股份有限公司
初版一刷　2022年9月
定　　價　300元